Schnelle Brote

AUTORIN: KRISTIANE MÜLLER-URBAN | FOTOGRAF: JÖRN RYNIO

Praxistipps

Extra

Rezepte

Schnelle Brote – die drei wichtigsten Zutaten

Verschiedene Mehle

Flüssigkeiten

Treibmittel für schnelle Brote

Das Mehl

Die Hauptzutat für Brot ist Mehl aus Getreidekörnern. Zum Brotbacken eignen sich **Weizenmehle** mit der Type 550, 812 und 1050. Auch mit den **Dinkelmehlen** Type 405, 630 und 1050 lässt sich prima Brot backen. Die Typenzahl steht auf der Packung. Sie gibt an, wie viele Mineralstoffe im Mehl enthalten sind. Je höher die Typenbezeichnung, desto gehaltvoller ist das Mehl.

Vollkornmehl und **-schrot** kommen ohne Typenbezeichnung in den Handel. Sie enthalten alle wertvollen Stoffe des vollen Korns. Für die schnellen Brote sind sie nur in kleinen Mengen geeignet.

Brote aus **Roggenmehl** schmecken sehr würzig. Aber Roggenmehl braucht außer Hefe auch Sauerteig. Solche Teige müssen mehrere Stunden ruhen. Deshalb gibt es hier nur Brote mit kleinen Mengen Roggenmehl, Roggenvollkornschrot oder Roggenvollkornmehl – es soll ja schnell gehen! Alle Mehle gibt es im Supermarkt, Bioladen oder Reformhaus, finden Sie Ihren Lieblingshersteller!

Die Flüssigkeit

Wasser ist immer verfügbar, sehr praktisch! Kohlensäurehaltiges oder klassisches Mineralwasser lässt den Brotteig locker aufgehen. Auch mit Milch, Buttermilch, Joghurt, Kefir, Obstsaft, Weizenbier und Gemüsesaft lassen sich leckere Brote zaubern. Ein bisschen Öl und Essig machen manche Brote feinporiger.

Das Treibmittel

Ein lockeres Brot braucht **Hefe. Trockenhefe** ist praktisch und bringt gute Ergebnisse, daher wird sie hier häufig verwendet. Aber auch mit **frischer Hefe** gelingen schnelle Brote. Die meisten Brote enthalten eine Mischung aus **Backpulver** und **Trockenhefe** oder **frischer Hefe.** Für einen säuerlich-würzigen Geschmack sorgt bei einigen Broten etwas **Trockensauerteig** (heißt auch **Sauerteigextrakt**) oder **flüssiger Sauerteig** (gibt es im Doppelpack mit zwei 75-g-Beuteln im Supermarkt, Reformhaus und Bioladen). Übrigens: Ein leicht geschlagenes Eiweiß lockert so manchen Teig.

Für den guten Geschmack – Kräuter, Gewürze & Co.

Extras sorgen für Biss und Geschmack.

Die Extras

Groß ist das Angebot an **Nüssen, Kernen** und **Samen** – und alle eignen sich zum Brotbacken. Die Nüsse werden ganz oder gehackt verwendet. Fein gemahlene Nüsse können etwa 10 Prozent des Mehls ersetzen. Die Auswahl ist überwältigend: Haselnüsse, Walnüsse, Mandeln, Pecannüsse, Macadamianüsse, Erdnüsse, Kokosnüsse, Cashewkerne, Kürbiskerne, Pinienkerne, Sonnenblumenkerne, Pistazien, Sesamsamen, Leinsamen und Mohnsamen.

Rustikale Brote schmecken mit **Speck- oder Räucherschinkenwürfeln. Salamistreifen** erinnern an ungarisches Brot. **Hartkäse** – gerieben oder gewürfelt – und **Schafkäse** (Feta) geben Broten eine besonders pikante Note.

Kräuter wie Thymian, Majoran, Oregano, Rosmarin, Salbei und Melisse eignen sich sowohl frisch als auch getrocknet. Getrocknete Kräuter schmecken kräftiger, also bitte sparsamer dosieren: 1 TL frische Kräuter entsprechen ½ TL getrockneten Kräutern.

Trockenobst, Feigen, Datteln, Cranberrys, Rosinen, **Oliven** und **getrocknete Tomaten** geben den Broten einen besonderen Pfiff, auch kombiniert mit Nüssen.

Auch **Obst** und **Gemüse** können aus einem Brot etwas Außergewöhnliches zaubern – außerdem machen Sie es schön saftig: Mischen Sie frische oder getrocknete Pilze, Zwiebeln, Sauerkraut, Paprikaschote, Mais, Rote Bete, Kartoffeln oder Physalis unter. Grob geraspelt schmecken Apfel, Birne, Kürbis, Möhre oder Zucchini.

Die typischen **Brotgewürze** sind Anis, Fenchel, Kardamom, Kümmel, Koriander und Lebkuchengewürz. Sie kommen als ganze Körner, geschrotet oder gemahlen zum Einsatz.

Ein bisschen **Zucker, Honig oder Rübensirup** rundet pikante Brote geschmacklich ab.

Salz gehört in jeden Brotteig. Probieren Sie aus, ob Sie lieber mehr oder weniger Salz mögen. Die Angabe in den Rezepten ist ein Richtwert.

Damit das Brot in Form bleibt

Kasten- und Rehrückenform

Quadratische und Brotbackform

Gugelhupfform

Weil die Teige für die schnellen Brote weich sind, werden sie in Formen gebacken. Lediglich die Fladenbrote kommen direkt aufs Backblech. Sehr gebräuchlich ist die **Kastenform.** Aber warum nicht einmal ein Brot in einer **quadratischen Form** oder in einer **Gugelhupfform** backen? Ein Brot aus der **Rehrückenform** sieht besonders originell aus. Im Fachhandel gibt es ein riesiges Sortiment an Backformen, und manche Hersteller bieten spezielle **Brotbackformen** an. Am besten sind beschichtete Formen. Diese immer mit weicher Butter einfetten. Folgende Backformen werden hier verwendet:

› **Kastenform** (auch Königskuchenform) mit 25 cm Länge
› **Rehrückenform** mit 30 cm Länge
› kleine **Gugelhupfform** mit 17 cm Durchmesser und 1 Liter Inhalt
› **Quadratische Form** mit 20 cm Seitenlänge und 1¼ Liter Inhalt
› längliche **Brotbackform** mit 2 Liter Inhalt

Wenn Ihre Backform etwas größer ist, dann wird das Brot ein bisschen niedriger, kein Problem. Kleiner sollte die Backform aber nicht sein, sonst läuft der Teig über. Generell können Sie die oben aufgeführten Backformen untereinander austauschen. Die Backzeit beträgt etwa 35 Minuten für Brote in der Kastenform, Rehrückenform und Gugelhupfform. Das Brot in der quadratischen Form braucht 30 bis 35 Minuten, weil es flach ist. Bei der großen Brotbackform 45 Minuten Backzeit einplanen. Übrigens: In einer hellen Backform muss 5 bis 10 Minuten länger gebacken werden als in einer dunklen.

Der Backofen

Fast alle Brote werden bei 200° (Umluft 180°) gebacken. Die Angaben sind **Richtwerte,** denn ältere Backöfen haben oftmals eine niedrigere Temperatur als angezeigt. Manche neuen Öfen backen bei 190° genauso gut wie ein älteres Modell bei 200°. Hier hilft nur die eigene Erfahrung oder ein Backofenthermometer. Auch die **Backzeit** ist ein Richtwert. Wenn Ihr Ofen träge ist, versichern Sie sich mit der **Stäbchenprobe,** ob das Brot fertig ist.

Wichtig: Für die schnellen Brote wird auch der Umluftherd vorgeheizt, da der Teig sonst zusammenfällt. Für eine knusprige Kruste stellen Sie eine Schale mit heißem Wasser auf den Herdboden.

Die Temperaturen bei Gasöfen variieren von Hersteller zu Hersteller. Lesen Sie in der Gebrauchsanweisung nach, welche Stufe Ihres Gasherdes der jeweils angegebenen Temperatur entspricht.

Schnelles Weißbrot

Einfetten mit Butter

Doppelt zudecken

Auskühlen lassen

300 g Weizenmehl Type 550 + Mehl zum Arbeiten
1 TL Backpulver
1 Päckchen Trockenhefe
½ TL Salz | 1 TL Zucker
300 ml lauwarmes klassisches Mineralwasser (oder Wasser)
2 EL Öl | 1 EL Essig
1 Ei

Außerdem
Butter für die Form

Für 1 Kastenform (25 cm lang) | 14 Scheiben
30 Min. Zubereitung | 40 Min. Backen
Pro Scheibe ca. 100 kcal, 3 g EW, 2 g F, 17 g KH

1 Die Backform mit Butter gründlich einfetten und warm stellen (Bild 1). Das Mehl in einer angewärmten Schüssel mit Backpulver und Trockenhefe mischen. Salz und Zucker mit lauwarmem Mineralwasser, Öl und Essig verrühren. Das Ei trennen. Eigelb mit ein paar Tropfen Wasser verrühren, Eiweiß nicht ganz steif schlagen.

2 Die Flüssigkeit zum Mehl gießen und den Teig ein paar Minuten kräftig schlagen, damit viel Luft hineingelangt. Eiweiß unterheben und den Teig in die Form füllen. Die Teigoberfläche mit einem scharfen Messer längs etwa 1 cm tief einschneiden und mit dem Eigelb bestreichen. Es kann sein, dass der Einschnitt sich wieder fast schließt. Aber beim Backen reißt das Brot dann an dieser Stelle auf, das ist der Sinn des Einschnittes.

3 Die Form mit Frischhaltefolie und einem angewärmten Küchentuch zudecken (Bild 2) und den Teig auf der Heizung 15 Min. gehen lassen. Den Backofen auf 200° (Umluft 180°) vorheizen.

4 Auf den Herdboden ein weites Gefäß mit kochendem Wasser stellen. Die Backform auf der zweiten Schiene von unten in den Ofen schieben. Das Brot ca. 35 Min. backen. Aus der Form lösen, auf den Backofenrost geben und im ausgeschalteten Ofen 5 Min. nachbacken. Das Brot auf einem Kuchengitter auskühlen lassen (Bild 3).

Lieblingsbrote

Brot kommt bei uns täglich auf den Tisch, und die Lieblingsbrote sind absolut alltagstauglich. Dieses milde Buttermilchbrot schmeckt am Morgen mit Honig und Konfitüre, als Pausenbrot mit Käse und Wurst, mittags zur heißen Suppe, und abends passt es hervorragend zu Aufschnittplatte und Käseteller.

Feines Buttermilchbrot

300 g Weizenmehl Type 550
2 EL Weizenvollkornmehl
1 TL Backpulver
1 Päckchen Trockenhefe
½ TL Salz | 1 TL Zucker
300 ml lauwarme Buttermilch
25 g flüssige Butter
2 Eier

Außerdem
Butter und 1 TL Haferflocken für die Form

Für 1 Rehrückenform (30 cm lang) | 18 Scheiben
30 Min. Zubereitung | 40 Min. Backen
Pro Scheibe ca. 95 kcal, 4 g EW, 3 g F, 14 g KH

1 Backform einfetten und mit Haferflocken ausstreuen, warm stellen. Beide Mehlsorten in einer angewärmten Schüssel mit Backpulver und Trockenhefe mischen. Salz und Zucker mit lauwarmer Buttermilch und flüssiger Butter verrühren.

2 Ein Ei trennen. Eigelb und das ganze Ei in einer Schale verrühren. Eiweiß nicht ganz steif schlagen. Flüssigkeit und Eier zum Mehl gießen und kräftig schlagen, damit viel Luft in den Teig gelangt. Eiweiß unterheben und den Teig in die Form füllen. Die Form mit Frischhaltefolie und einem angewärmten Küchentuch zudecken. Teig auf der Heizung 15 Min. gehen lassen. Den Backofen auf 200° (Umluft 180°) vorheizen.

3 Auf den Herdboden ein Gefäß mit kochendem Wasser stellen. Das Brot im Ofen (2. Schiene von unten) ca. 35 Min. backen. Aus der Form lösen, auf den Backofenrost stürzen und im ausgeschalteten Ofen 5 Min. nachbacken. Auf einem Kuchengitter vollständig auskühlen lassen.

kräftig | zum Abendbrot

Weizenbrot mit Bier

300 g Weizenmehl Type 812
50 g Roggenmehl Type 815
1 TL Backpulver
1 Päckchen Trockenhefe
1 TL Trockensauerteig
½ TL Salz | 1 TL Zucker
1 EL Öl
350 ml lauwarmes Weizenbier
1 Eiweiß

Außerdem
Butter und 1 TL Brotgewürz (ganze Körner) für die Form

Für 1 Brotbackform (2 Liter Inhalt) | 16 Scheiben
30 Min. Zubereitung | 45 Min. Backen
Pro Scheibe ca. 90 kcal, 3 g EW, 1 g F, 16 g KH

1 Backform einfetten und mit Brotgewürz ausstreuen, warm stellen. Beide Mehlsorten in einer angewärmten Schüssel mit Backpulver, Trockenhefe und Trockensauerteig mischen. Salz, Zucker und Öl mit lauwarmem Weizenbier verrühren.

2 Die Flüssigkeit zum Mehl gießen und kräftig schlagen. Eiweiß unterheben und den Teig in die Form füllen. Die Form mit Frischhaltefolie und einem angewärmten Küchentuch zudecken. Teig auf der Heizung 15 Min. gehen lassen. Den Backofen auf 200° (Umluft 180°) vorheizen.

3 Auf den Herdboden ein weites Gefäß mit kochendem Wasser stellen. Das Brot im Ofen (2. Schiene von unten) ca. 45 Min. backen. Kurz ruhen lassen, aus der Form lösen und auf einem Kuchengitter vollständig auskühlen lassen.

würzig | mild

Anisbrot

300 g Weizenmehl Type 1050
1 TL Anissamen
1 TL Backpulver
1 Päckchen Trockenhefe
½ TL Salz
1 TL Zucker
350 ml lauwarmes klassisches Mineralwasser

Außerdem
Butter und 1 TL Anissamen für die Form

Für 1 Rehrückenform (30 cm lang) | 18 Scheiben
30 Min. Zubereitung | 35 Min. Backen
Pro Scheibe ca. 60 kcal, 2 g EW, 1 g F, 12 g KH

1 Backform einfetten und mit 1 TL Anissamen ausstreuen, warm stellen. Mehl in einer angewärmten Schüssel mit 1 TL Anissamen, Backpulver und Trockenhefe mischen. Salz und Zucker mit lauwarmem Mineralwasser verrühren.

2 Die Flüssigkeit zum Mehl gießen und kräftig schlagen, damit viel Luft in den Teig gelangt. Teig in die Form füllen.

3 Die Form mit Frischhaltefolie und einem angewärmten Küchentuch zudecken. Teig auf der Heizung 15 Min. gehen lassen. Den Backofen auf 200° (Umluft 180°) vorheizen.

4 Auf den Herdboden ein weites Gefäß mit kochendem Wasser stellen. Brot im Ofen (2. Schiene von unten) ca. 35 Min. backen. Kurz ruhen lassen, aus der Form lösen und auf einem Kuchengitter auskühlen lassen.

oben: Weizenbrot mit Bier | unten: Anisbrot

bekömmlich | nussig

Joghurtbrot mit Leinsamen

Dieses Brot schmeckt durch den Joghurt mild-säuerlich. Gesunder Leinsamen sorgt für einen besonders feinen Geschmack.

250 g Weizenmehl Type 1050
50 g Roggenvollkornschrot
2 TL Backpulver
1 Päckchen Trockenhefe
1 TL Trockensauerteig
2 TL Leinsamen
½ TL Salz
1 TL Zucker
300 g lauwarmer Joghurt
150 ml lauwarmes Wasser

Außerdem
Butter für die Form

Für 1 Brotbackform (2 Liter Inhalt) | 16 Scheiben
30 Min. Zubereitung | 45 Min. Backen
Pro Scheibe ca. 80 kcal, 3 g EW, 2 g F, 14 g KH

1 Backform einfetten und warm stellen. Beide Mehlsorten in einer angewärmten Schüssel mit Backpulver, Trockenhefe, Trockensauerteig und Leinsamen mischen. Salz und Zucker mit lauwarmem Joghurt und lauwarmem Wasser verrühren.

2 Die Flüssigkeit zum Mehl gießen und kräftig schlagen, damit viel Luft in den Teig gelangt. Den Teig in die Form füllen.

3 Die Form mit Frischhaltefolie und einem angewärmten Küchentuch zudecken. Den Teig auf der Heizung 15 Min. gehen lassen. Den Backofen auf 200° (Umluft 180°) vorheizen.

4 Auf den Herdboden ein Gefäß mit kochendem Wasser stellen. Brot im Ofen (2. Schiene von unten) ca. 45 Min. backen. Das fertige Brot in der Form kurz ruhen lassen. Aus der Form lösen und auf einem Kuchengitter vollständig auskühlen lassen.

VARIANTE – APFELBROT

Für ein besonders saftiges Brot einen Apfel waschen, schälen, vom Kerngehäuse befreien und grob raspeln. Den Teig zubereiten wie oben beschrieben. Nachdem die Flüssigkeit und das Mehl vermischt worden sind, die Apfelraspel unterziehen, den Teig in die Form geben und genauso backen, wie oben beschrieben. Nehmen Sie für ein besonders leicht verdauliches Brot nur das Weizenmehl Type 550. 100 g fein geriebene Möhren machen den Teig schön saftig. Für einen kernigen Biss sorgen zusätzlich ein paar geröstete, ungesalzene Erdnüsse oder Sonnenblumenkerne. In diesem Fall sollten die Leinsamen aber entfallen.

TIPP – GUT VORBEREITET

Sie können alle Zutaten (aber ohne den Apfel) am Abend oder Morgen zu einem Teig verrühren und in die eingefettete Form füllen. Mit Frischhaltefolie zudecken und etwa 10 Std. oder länger in den Kühlschrank oder in den kühlen Keller stellen. Danach die Form in den vorgeheizten Backofen schieben und das Brot ca. 45 Min. backen.

gehaltvoll | hält lange frisch

Saftiges Gewürzbrot mit Kefir

Die gekochten Weizenkörner (Ebli) geben dem Brot Biss, und die Gewürzkörner sorgen für einen appetitanregenden vollmundigen Geschmack.

Salz | 50 g Ebli (Weichweizen)
250 g Weizenmehl Type 1050
½ Päckchen Backpulver
1 Päckchen Trockenhefe
1 TL Brotgewürz (ganze Körner)
1 Msp. Lebkuchengewürz oder Zimtpulver
1 TL Zucker
150 ml lauwarmer Kefir
1 Ei

Außerdem
Butter für die Form

Für 1 Kastenform (25 cm lang) | 14 Scheiben
30 Min. Zubereitung | 40 Min. Backen
Pro Scheibe ca. 95 kcal, 4 g EW, 2 g F, 16 g KH

1 250 ml Salzwasser zum Kochen bringen und das Ebli darin bei schwacher Hitze 10 Min. offen garen. Ebli abgießen und gut abtropfen lassen. Die Backform einfetten und warm stellen. Das Mehl in einer angewärmten Schüssel mit Backpulver, Trockenhefe, dem Brotgewürz und dem Lebkuchengewürz oder Zimt mischen.

2 Etwa ½ TL Salz und den Zucker mit dem lauwarmen Kefir verrühren. Das Ei trennen. Eigelb mit ein paar Tropfen Wasser verrühren und beiseitestellen. Das Eiweiß nicht ganz steif schlagen. Die Flüssigkeit zum Mehl gießen und den Teig kräftig schlagen, damit viel Luft in den Teig gelangt. Zuerst das Ebli, dann das geschlagene Eiweiß unterheben und den Teig in die Form füllen.

3 Die Teigoberfläche mit einem scharfen Messer längs etwa 1 cm tief einschneiden und mit dem Eigelb bestreichen. Die Form mit Frischhaltefolie und einem angewärmten Küchentuch zudecken. Den Teig auf der Heizung 15 Min. gehen lassen.

4 Den Backofen auf 200° (Umluft 180°) vorheizen. Auf den Herdboden ein weites Gefäß mit kochendem Wasser stellen. Das Brot im Ofen (2. Schiene von unten) ca. 35 Min. backen.

5 Das Brot aus der Form lösen, auf den Backofenrost stürzen und im ausgeschalteten Ofen 5 Min. nachbacken. Das Brot auf einem Kuchengitter vollständig auskühlen lassen.

EINKAUFS-TIPP

Ebli bekommen Sie im Supermarkt. Es handelt sich um reife Weizenkörner, die in Wasserdampf vorgegart sind.

TAUSCH-TIPPS

Statt der Gewürzkörner und des Lebkuchengewürzes können Sie dieses Brot auch mit 2 EL getrockneten Kräutern oder 100 g Röstzwiebeln (Fertigprodukt) herstellen. Der Kefir kann auch durch klassisches Mineralwasser ersetzt werden.

GUT ZU WISSEN

Dieses Brot schmeckt auch am folgenden Tag noch richtig gut, weil das Ebli es besonders saftig macht. Auch Brote mit viel Gemüse oder Obst und Trockenfrüchten schmecken noch am nächsten Tag.

mediterrane Spezialität | mild

Weißbrot mit Olivenöl

300 g Weizenmehl Type 550 | 1 TL Backpulver | 1/4 TL Salz | 1/2 Würfel Hefe (20 g) | 200 ml Wasser | 1 TL Zucker | 100 ml Olivenöl | 1 TL grobes Meersalz | **Außerdem** Butter für die Form

Für 1 Kastenform (25 cm lang) | 14 Scheiben
30 Min. Zubereitung | 35 Min. Backen
Pro Scheibe ca. 145 kcal, 3 g EW, 8 g F, 16 g KH

1 Backform einfetten und warm stellen. Mehl mit Backpulver und Salz mischen. Hefe zerbröckeln und mit Wasser und Zucker verrühren. Hefewasser und Öl mit dem Mehl kräftig schlagen. Teig in die Form füllen und die Teigoberfläche längs etwa 1 cm tief einschneiden. Mit dem grobem Meersalz bestreuen. Den Teig mit Frischhaltefolie und einem angewärmten Küchentuch zudecken.

2 Den Teig zugedeckt auf der Heizung 15 Min. gehen lassen. Backofen auf 200° (Umluft 180°) vorheizen. Brot im Ofen (2. Schiene von unten) ca. 35 Min. backen.

pfiffig | ungewöhnlich

Dinkelbrot mit Sauerkrautsaft

300 g Dinkelmehl Type 1050 | 1 TL Backpulver | 1/2 TL Salz | 1/2 Würfel Hefe (20 g) | 1 EL Zucker | 350 ml Sauerkrautsaft | 1 Zwiebel | 1 EL Butter | **Außerdem** Butter für die Form

Für 1 Kastenform (25 cm lang) | 14 Scheiben
35 Min. Zubereitung | 35 Min. Backen
Pro Scheibe ca. 95 kcal, 3 g EW, 2 g F, 15 g KH

1 Backform einfetten und warm stellen. Mehl mit Backpulver und Salz mischen. Hefe zerbröckeln und mit Zucker und Sauerkrautsaft verrühren. Zwiebel schälen, in Ringe schneiden und in heißer Butter glasig dünsten. Flüssigkeit und Mehl kräftig schlagen. Teig in die Form füllen und mit den Zwiebeln belegen.

2 Den Teig auf der Heizung 15 Min. gehen lassen. Den Backofen auf 220° (Umluft 200°) vorheizen. Das Brot (2. Schiene von unten) ca. 35 Min. backen.

rustikal | herzhaft

Kartoffelbrot mit Kümmel

250 g Weizenmehl Type 1050 | 1 TL Backpulver | ½ TL Salz | ½ Würfel Hefe (20 g) | 1 TL Zucker | 350 ml klassisches Mineralwasser | 100 g gekochte Kartoffel | 1 EL Kümmelsamen |
Außerdem Butter für die Form

Für 1 Kastenform (25 cm lang) | 14 Scheiben
30 Min. Zubereitung | 30 Min. Backen
Pro Scheibe ca. 70 kcal, 2 g EW, 1 g F, 13 g KH

1 Backform einfetten und warm stellen. Mehl mit Backpulver und Salz mischen. Hefe zerbröckeln und mit Zucker und Mineralwasser verrühren. Kartoffel pellen und fein zum Mehl reiben. Etwas Kümmel hinzufügen.

2 Flüssigkeit und Mehl kräftig schlagen. Teig in die Form füllen und mit restlichem Kümmel bestreuen. Oberfläche längs ca. 1 cm tief einschneiden. Den Teig auf der Heizung 15 Min. gehen lassen. Den Backofen auf 200° (Umluft 180°) vorheizen. Das Brot im Ofen (2. Schiene von unten) ca. 30 Min. backen.

das mögen Kinder | mild

Weißbrot mit Frischkäse

300 g Weizenmehl Type 550 | 1 TL Backpulver | ½ TL Salz | ½ Würfel Hefe (20 g) | 1 TL Zucker | 200 ml lauwarme Buttermilch | 200 g körniger Frischkäse | 1 EL Mohnsamen |
Außerdem Butter für die Form

Für 1 Kastenform (25 cm lang) | 14 Scheiben
30 Min. Zubereitung | 35 Min. Backen
Pro Scheibe ca. 100 kcal, 6 g EW, 2 g F, 16 g KH

1 Backform einfetten und warm stellen. Mehl in einer angewärmten Schüssel mit Backpulver und Salz mischen. Hefe zerbröckeln und mit Zucker und Buttermilch verrühren. Flüssigkeit zum Mehl gießen und Teig kräftig schlagen. Mit dem zimmerwarmen körnigen Frischkäse mischen. Den Teig in die Form füllen, die Oberfläche längs 1 cm tief einschneiden.

2 Teigoberfläche mit den Mohnsamen bestreuen. Den Teig zugedeckt auf der Heizung 15 Min. gehen lassen. Den Backofen auf 220° (Umluft 200°) vorheizen. Das Brot im Ofen (2. Schiene von unten) ca. 35 Min. backen.

mild | dekorativ

Rosenbrot mit Sesam

Ein bekömmliches sahniges Brot, das durch seine hübsche Oberfläche und seinen feinen Geschmack auch gut zum Sonntagsfrühstück passt.

1 Ei
300 g Weizenmehl Type 550
+ Mehl zum Arbeiten
1 Päckchen Trockenhefe
1 TL Backpulver
½ TL Salz
2 Prisen Zimtpulver
200 g lauwarme Sahne
75 ml lauwarmes Wasser
40 g flüssige Butter
1 TL Honig
2 EL Sesamsamen
Außerdem
Butter für die Form

Für 1 Kastenform (25 cm lang) | 14 Scheiben
35 Min. Zubereitung | 35 Min. Backen
Pro Scheibe ca. 165 kcal, 4 g EW, 9 g F, 18 g KH

1 Die Form einfetten und warm stellen. Das Ei trennen. Das Eigelb mit ein paar Tropfen Wasser verrühren und beiseitestellen. Das Eiweiß nicht ganz steif schlagen.

2 Das Mehl mit Trockenhefe und Backpulver in einer angewärmten Schüssel mischen. Salz und Zimt mit der lauwarmen Sahne, lauwarmem Wasser, flüssiger Butter und Honig verrühren.

3 Die Flüssigkeit zum Mehl gießen und den Teig kräftig schlagen, damit viel Luft hineinkommt. Das Eiweiß unter den Teig heben. Die Hälfte des Teigs in die Form geben und die Oberfläche glatt streichen (Bild 1). Den restlichen Teig in vier gleich große Stücke teilen.

4 Mit gut bemehlten Händen aus jedem weichen Teigstück eine Rolle formen und diese zu einer Rosette (Schnecke) rollen. Die vier Rosetten auf den Teig setzen (Bild 2).

5 Die Teigoberfläche mit Eigelb bestreichen und mit Sesam bestreuen. Die Form mit Frischhaltefolie und einem angewärmten Küchentuch zudecken. Den Teig mindestens 15 Min. auf der Heizung gehen lassen. Inzwischen den Backofen auf 200° (Umluft 180°) vorheizen.

6 Auf den Herdboden ein weites Gefäß mit kochendem Wasser stellen. Das Brot im Ofen (2. Schiene von unten) ca. 35 Min. backen. Falls die Oberfläche zu dunkel wird, mit einem Bogen Alufolie zudecken. Das fertig gebackene Brot kurz ruhen lassen. Aus der Form lösen und auf einem Kuchengitter vollständig auskühlen lassen.

UND DAZU?

Das Brot schmeckt besonders gut mit einem süßen Belag. Es lässt sich übrigens sehr gut toasten.

TAUSCH-TIPPS

Statt Sahne die gleiche Menge Buttermilch und zusätzlich 30 g Butter verwenden. Den Sesam durch Mohn ersetzen oder eine Mischung aus Mohnsamen und Sesamsamen zum Bestreuen der Teigoberfläche verwenden.

1

2

Würzige Brote mit Pfiff

Backen Sie schnelle Brote mit Speck oder Zwiebeln, mit Kräutern, Oliven oder Obst – oder mit Nüssen und Samen. Sie sorgen für gesunde Abwechslung im Brotkorb, denn sie enthalten viele Mineralstoffe und sind eine vorzügliche Nervennahrung. Der würzige Speckgugelhupf steht bei uns bei jedem Fest auf dem Tisch.

Speckgugelhupf mit Haselnüssen

100 g Haselnüsse
75 g Bacon (Frühstücksspeck)
½ TL frischer Rosmarin
300 g Weizenmehl Type 550
1 TL Backpulver | 1 Päckchen Trockenhefe
etwas Salz
1 TL Honig
350 ml lauwarmes klassisches Mineralwasser
Außerdem
Butter für die Form

Für 1 Gugelhupfform (1 l Inhalt) | 8 Stücke
35 Min. Zubereitung | 35 Min. Backen
Pro Stück ca. 280 kcal, 9 g EW, 14 g F, 30 g KH

1 Die Haselnüsse grob hacken und in einer Pfanne ohne Fett rösten. Den Bacon in einer Pfanne ohne Fett auf beiden Seiten knusprig braten, auf Küchenpapier entfetten und zerbröseln. Die Haselnüsse bis auf 1 EL mit Bacon und Rosmarin mischen.

2 Die Form einfetten und warm stellen. Mehl mit Backpulver und Trockenhefe in einer angewärmten Schüssel mischen. Salz und Honig mit dem Mineralwasser verrühren. Die Flüssigkeit zum Mehl gießen und kräftig schlagen. Nussmischung unterheben. Die Form mit den restlichen Nüssen ausstreuen und den Teig einfüllen. Form mit Frischhaltefolie und einem angewärmten Küchentuch zudecken. Den Teig mindestens 15 Min. auf der Heizung gehen lassen. Den Backofen auf 200° (Umluft 180°) vorheizen.

3 Auf den Herdboden ein weites Gefäß mit kochendem Wasser stellen. Das Brot im Backofen (2. Schiene von unten) ca. 35 Min. backen. Kurz ruhen lassen, aus der Form lösen und auf einem Kuchengitter auskühlen lassen.

ein aromatisches Brot aus Schrot und Korn

Gewürzfladen

Für diesen wohlschmeckenden, kräftigen Fladen machen wir uns selbst eine Backform aus Alufolie. Alternativ geht auch ein Springformrand (mit 30 cm Durchmesser). Der Gewürzfladen schmeckt am nächsten Tag auch noch sehr gut.

1 Beutel flüssiger Sauerteig (75 g)
200 g Weizenmehl Type 1050
100 g Roggenvollkornschrot (oder Roggenvollkornmehl)
1 TL Backpulver
1 Päckchen Trockenhefe
½ TL Salz
1 TL Zucker
1 TL Brotgewürz (ganze Körner)
300 ml lauwarmes Mineralwasser
4 EL Öl
2 EL Essig
1 TL Sesamsamen

Außerdem
Butter fürs Backblech und den Alufolienring

14 Scheiben
35 Min. Zubereitung | 30 Min. Backen
Pro Scheibe ca. 105 kcal, 3 g EW, 3 g F, 16 g KH

1 Den Sauerteig in sehr warmes Wasser legen. Mehl und Schrot mit Backpulver und Trockenhefe in einer angewärmten Schüssel mischen. Salz, Zucker und Brotgewürz mit Mineralwasser, Öl und Essig verrühren.

2 Die Flüssigkeit und den Sauerteig zum Mehl gießen. Den Teig einige Min. lang kräftig schlagen, damit viel Luft hineinkommt.

3 Über die Rückseite des Backblechs ca. 2 l heißes Wasser laufen lassen, um es zu erwärmen. Das Blech einfetten. Aus Alufolie einen stabilen Ring herstellen mit etwa 18 cm Durchmesser und 3 cm Höhe (Bild 1). Diesen Ring ebenfalls mit Butter einfetten und auf dem Backblech zu einem Oval formen. Den Teig kuppelförmig einfüllen – er läuft stark auseinander – und die Oberfläche glatt streichen (Bild 2).

4 Die Teigoberfläche mit einem scharfen Messer kreuzförmig einschneiden. Die Oberfläche mit Sesam bestreuen. Das Blech mit Frischhaltefolie und einem angewärmten Küchentuch zudecken. Den Teig mindestens 15 Min. auf der Heizung gehen lassen. Inzwischen den Backofen auf 200° (Umluft 180°) vorheizen.

5 Auf den Herdboden ein weites Gefäß mit kochendem Wasser stellen. Den Gewürzfladen im Ofen (Mitte) ca. 30 Min. backen. Den fertig gebackenen Fladen auf einem Kuchengitter vollständig auskühlen lassen.

VARIANTE – MIT SONNENBLUMENKERNEN

Sie können unter den Teig auch 75 g Sonnenblumenkerne mischen. Für einen besonders feinen nussigen Geschmack die Kerne in einer Pfanne ohne Fett kurz rösten, bis sie anfangen zu duften.

1

2

ungewöhnlich | büfetttauglich

Schmalzbrot mit Rosinen

Dieses herzhafte Brot mit der leicht süßlichen Note und viel knuspriger Kruste passt vorzüglich zu kräftigem Käse, geräuchertem Schinken und würziger Salami.

1 Beutel flüssiger Sauerteig (75 g) | 300 g Weizenmehl Type 1050 + Mehl zum Arbeiten | 1 TL Backpulver | 1 TL Trockenhefe | ½ TL Salz | 1 TL Zucker | 75 g zimmerwarmes Schweineschmalz | 200 ml lauwarmes klassisches Mineralwasser | 75 g Rosinen | 1 TL Koriandersamen | **Außerdem** Butter für die Form

Für 1 quadratische Form (1¼ l Inhalt) | 10 Scheiben | 30 Min. Zubereitung | 35 Min. Backen
Pro Scheibe ca. 215 kcal, 4 g EW, 9 g F, 29 g KH

1 Den Sauerteig in sehr warmes Wasser legen. Die Backform einfetten und warm stellen. Das Mehl in einer Schüssel mit Backpulver, Trockenhefe, Salz und Zucker mischen. Angewärmten Sauerteig mit dem Schmalz und dem Mineralwasser zum Mehl geben und den Teig mit bemehlten Händen kneten. Die Rosinen untermischen.

2 Den Teig in die Form füllen und die Teigoberfläche kreuzweise etwa 1 cm tief einschneiden. Mit den Koriandersamen bestreuen. Die Form mit Frischhaltefolie und einem angewärmten Küchentuch zudecken. Teig auf der Heizung 15 Min. gehen lassen. Den Backofen auf 200° (Umluft 180°) vorheizen.

3 Auf den Herdboden ein Gefäß mit kochendem Wasser stellen. Brot im Ofen (Mitte) ca. 30 Min. backen. Kurz ruhen lassen, aus der Form lösen und auf einem Kuchengitter vollständig auskühlen lassen.

TAUSCH-TIPPS

Dieses Brot schmeckt auch gut mit Gänseschmalz. Schöpfen Sie vom weihnachtlichen Gänsebraten das Fett ab. Es hält sich zugedeckt im Kühlschrank einige Wochen – und schmeckt auch lecker als Brotaufstrich. Die Rosinen können Sie durch 100 g gebratene Zwiebeln oder Räucherspeckwürfel ersetzen.

aromatisch | feinwürzig

Steinpilzbrot mit Thymian

20 g getrocknete Steinpilze | 300 g Weizenmehl Type 1050 | 1 TL Backpulver | 1 Päckchen Trockenhefe | ½ TL Salz | 1 TL Zucker | ½ TL getrockneter Thymian | ca. 250 ml lauwarmes Wasser | **Außerdem** Butter für die Form

Für 1 quadratische Form (1¼ l Inhalt) | 10 Scheiben | 30 Min. Zubereitung | 35 Min. Backen
Pro Scheibe ca. 80 kcal, 3 g EW, 1 g F, 15 g KH

1 Steinpilze in heißem Wasser einweichen. Form einfetten und warm stellen. Mehl mit Backpulver und Trockenhefe, Salz, Zucker und Thymian mischen. Pilze ausdrücken und grob hacken. Pilzwasser mit Wasser auf 350 ml auffüllen, zum Mehl gießen und den Teig kräftig schlagen. Pilze unterheben, Teig in die Form füllen.

2 Den Teig mindestens 15 Min. auf der Heizung gehen lassen. Backofen auf 200° (Umluft 180°) vorheizen. Das Brot im Ofen (2. Schiene von unten) ca. 35 Min. backen.

würzig | schmeckt frisch am besten

Bergkäsebrot mit Kräutern

1 TL getrockneter Oregano | 1 TL getrocknete Melisse | 300 g Mehl Type 550 | 1 Päckchen Backpulver | 1 TL Trockenhefe | 100 g Bergkäse | ½ TL Salz | 350 ml lauwarmes Wasser | **Außerdem** Butter für die Form

Für 1 quadratische Form (1¼ l Inhalt) | 10 Scheiben | 30 Min. Zubereitung | 35 Min. Backen
Pro Scheibe ca. 195 kcal, 8 g EW, 5 g F, 29 g KH

1 Form einfetten und warm stellen. Kräuter in einer Pfanne leicht erhitzen. Mehl mit Backpulver und Trockenhefe mischen. Den Käse raspeln. Salz mit Wasser und Kräutern mischen. Zum Mehl gießen und kräftig schlagen. Käse unterheben, alles in die Form füllen.

2 Den Teig mindestens 15 Min. auf der Heizung gehen lassen. Backofen auf 200° (Umluft 180°) vorheizen. Brot im Ofen (2. Schiene von unten) ca. 35 Min. backen.

leicht bekömmlich | mild

Feigenbrot mit Mandeln

100 g Mandelstifte
100 g getrocknete, weiche Feigen
300 g Weizenmehl Type 550
1 TL Backpulver | 1 Päckchen Trockenhefe
1 TL Koriandersamen
½ TL Salz | 1 TL Zucker
350 ml lauwarmes Wasser
2 EL flüssige Butter

Außerdem

Butter für die Form

Für 1 Kastenform (25 cm lang) | 14 Scheiben
35 Min. Zubereitung | 35 Min. Backen
Pro Scheibe ca. 165 kcal, 4 g EW, 7 g F, 21 g KH

1 Die Backform einfetten und warm stellen. Die Mandelstifte bis auf 1 gehäuften EL in einer Pfanne ohne Fett leicht rösten. Die Feigen in schmale Streifen schneiden. Das Mehl in einer Schüssel mit Backpulver, Trockenhefe und Koriander mischen. Salz und Zucker mit Wasser und Butter verrühren. Zum Mehl gießen und alle Zutaten kräftig schlagen.

2 Geröstete Mandelstifte und Feigen unter den Teig mischen. Teig in die Form füllen. Die Oberfläche längs etwa 1 cm tief einschneiden. Mit den ungerösteten Mandelstiften bestreuen. Die Form mit Frischhaltefolie und einem angewärmten Küchentuch zudecken. Teig auf der Heizung 15 Min. gehen lassen. Den Backofen auf 200° (Umluft 180°) vorheizen.

3 Auf den Herdboden ein Gefäß mit Wasser stellen. Brot im Ofen (2. Schiene von unten) ca. 35 Min. backen. Kurz ruhen lassen, aus der Form lösen und auf einem Kuchengitter vollständig auskühlen lassen.

das mögen Kinder | fürs Büfett

Pizzabrot

75 g getrocknete Tomaten (in Öl)
75 g grüne und schwarze Oliven (ohne Stein)
1 TL Pizzagewürz
300 g Weizenmehl Type 812
1 TL Backpulver | 1 Päckchen Trockenhefe
½ TL Salz
350 ml lauwarmes Wasser
4 EL Öl

Außerdem

Butter für die Form

Für 1 Kastenform (25 cm lang) | 14 Scheiben
35 Min. Zubereitung | 35 Min. Backen
Pro Scheibe ca. 115 kcal, 3 g EW, 5 g F, 15 g KH

1 Die Backform einfetten und warm stellen. Tomaten auf Küchenpapier entfetten und mit den Oliven grob würfeln. Tomaten, Oliven und Pizzagewürz mischen. Das Mehl in einer angewärmten Schüssel mit Backpulver und Trockenhefe mischen. Salz mit Wasser und Öl verrühren und zum Mehl gießen.

2 Den Teig kräftig schlagen, mit der Tomatenmischung vermengen und in die Form füllen. Die Teigoberfläche längs 1 cm tief einschneiden. Die Form mit Frischhaltefolie und einem angewärmten Küchentuch zudecken. Den Teig auf der Heizung 15 Min. gehen lassen. Den Backofen auf 200° (Umluft 180°) vorheizen.

3 Auf den Herdboden ein weites Gefäß mit kochendem Wasser stellen. Das Brot im Ofen (2. Schiene von unten) ca. 35 Min. backen. Kurz ruhen lassen, aus der Form lösen und auf einem Kuchengitter vollständig auskühlen lassen.

links: Feigenbrot mit Mandeln | rechts: Pizzabrot

ausgefallen | für Gäste

Möhrenbrot mit Mandeln

100 g Möhren
100 g gesalzene Räuchermandeln (ersatzweise normale Mandeln)
300 g Weizenmehl Type 1050
1 TL Backpulver
1 Päckchen Trockenhefe
1 TL Trockensauerteig
ca. ½ TL Salz | 1 TL Zucker
350 ml klassisches Mineralwasser
1 großes Lorbeerblatt
Außerdem
Butter für die Form

Für 1 Brotbackform (2 l Inhalt) | 16 Scheiben
35 Min. Zubereitung | 45 Min. Backen
Pro Scheibe ca. 110 kcal, 4 g EW, 4 g F, 14 g KH

1 Die Backform einfetten und warm stellen. Möhren schälen und fein reiben. Mandeln längs halbieren. Das Mehl in einer angewärmten Schüssel mit Backpulver, Trockenhefe und Trockensauerteig mischen.

2 Salz und Zucker mit dem Wasser verrühren. Die Flüssigkeit zum Mehl gießen und den Teig ca. 3 Min. kräftig schlagen. Möhren und Mandeln untermischen. Das Lorbeerblatt auf den Boden der Backform legen und den Teig in die Form füllen, Form mit Frischhaltefolie und einem angewärmten Küchentuch zudecken. Teig auf der Heizung 15 Min. gehen lassen. Den Backofen auf 200° (Umluft 180°) vorheizen.

3 Auf den Herdboden ein weites Gefäß mit kochendem Wasser stellen. Das Brot im Ofen (2. Schiene von unten) ca. 45 Min. backen. Aus der Form lösen und auf einem Kuchengitter auskühlen lassen.

gehaltvoll | würzig

Mischbrot mit Salami

40 g Salami
100 g Walnüsse
200 g Weizenmehl Type 1050
100 g Dinkelvollkornmehl
2 TL Backpulver | 1 Päckchen Trockenhefe
1 TL Trockensauerteig
½ TL Salz
350 ml klassisches Mineralwasser
4 EL Öl
Außerdem
Butter für die Form

Für 1 Brotbackform (2 l Inhalt) | 16 Scheiben
35 Min. Zubereitung | 45 Min. Backen
Pro Scheibe ca. 135 kcal, 4 g EW, 7 g F, 14 g KH

1 Die Backform einfetten und warm stellen. Die Salami in dünne Streifen schneiden. 5 Walnüsse beiseite legen, den Rest längs halbieren. Beide Mehle in einer angewärmten Schüssel mit Backpulver, Trockenhefe und Trockensauerteig mischen.

2 Salz, Wasser und Öl verrühren. Die Flüssigkeit zum Mehl gießen und den Teig ca. 3 Min. kräftig schlagen. Salami und Walnüsse unter den Teig mischen. Die restlichen Walnüsse auf den Boden der Backform legen und den Teig in die Form füllen. Die Form mit Frischhaltefolie und einem angewärmten Küchentuch zudecken. Teig auf der Heizung 15 Min. gehen lassen. Den Backofen auf 200° (Umluft 180°) vorheizen.

3 Auf den Herdboden ein weites Gefäß mit kochendem Wasser stellen. Brot im Ofen (2. Schiene von unten) ca. 45 Min. backen, aus der Form lösen und auf einem Kuchengitter auskühlen lassen.

links: Möhrenbrot mit Mandeln | rechts: Mischbrot mit Salami

exotisch | hält lange frisch

Cranberrybrot mit Physalis

Mit diesem Brot können Sie jeden Brotfan erfreuen. Die Cranberrys kommen aus dem Norden der USA und aus Kanada, die fruchtigen Physalis aus Südamerika und Südafrika. Beides gibt's im Supermarkt.

1 Beutel flüssiger Sauerteig (75 g)
75 g Roggenmehl Type 815
250 g Weizenmehl Type 550
1 TL Backpulver
1 Päckchen Trockenhefe
1 TL Salz | ½ TL Zucker
etwas abgeriebene Schale von 1 Bio-Orange
200 ml lauwarmes Wasser
100 ml lauwarmes Olivenöl
12 Physalis (Kapstachelbeeren)
100 g getrocknete Cranberrys

Außerdem
Butter für die Form

Für 1 Kastenform (25 cm lang) | 14 Scheiben
35 Min. Zubereitung | 40 Min. Backen
Pro Scheibe ca. 165 kcal, 3 g EW, 8 g F, 20 g KH

1 Den Beutel mit dem Sauerteig in eine Schüssel mit sehr warmem Wasser legen oder auf der Heizung erwärmen. Die Form einfetten und warm stellen. Beide Mehlsorten mit Backpulver und Trockenhefe in einer angewärmten Schüssel mischen.

2 Salz, Zucker und Orangenschale mit Wasser und Öl verrühren. Die Flüssigkeit und den angewärmten Sauerteig zum Mehl gießen und den Teig ca. 3 Min. kräftig schlagen, damit viel Luft hineinkommt.

3 Die Physalis aus der Hülle drehen, waschen, trocken reiben und vierteln. Physalis und Cranberrys rasch unter den Teig mischen und das Ganze in die Form geben. Die Oberfläche glatt streichen.

4 Die Form mit Frischhaltefolie und einem angewärmten Küchentuch zudecken. Teig mindestens 15 Min. auf der Heizung ruhen lassen. Inzwischen den Backofen auf 200° (Umluft 180°) vorheizen.

5 Eine weite Schale mit kochendem Wasser auf den Herdboden stellen. Das Brot im Ofen (2. Schiene von unten) ca. 35 Min. backen. Brot auf den Backofenrost stürzen. Weitere 5 Min. im abgeschalteten Backofen nachbacken, damit die Kruste rundherum schön knusprig wird. Das Brot auf einem Kuchengitter vollständig auskühlen lassen.

TIPP – FÜR EINE GLÄNZENDE ERSCHEINUNG

Ein Eiweiß ganz leicht anschlagen und die Oberfläche des heißen Brotes damit bestreichen. So bekommt es einen schönen Glanz.

TIPP – CRANBERRYS EINWEICHEN

Falls die Cranberrys zu hart sind, können Sie sie eine Stunde vor Backbeginn in lauwarmem Wasser oder Apfel- oder Orangensaft einweichen. Gut abtropfen lassen.

TAUSCH-TIPPS

Statt der Cranberrys können Sie auch weiche Rosinen verwenden. Sehr lecker schmeckt auch diese Kombination: weiche getrocknete Backpflaumen und Walnüsse. Die Backpflaumen je nach Größe halbieren oder vierteln und die Walnüsse längs halbieren.

würzig | knackig

Sauerkrautbrot mit Pilzen

100 g Champignons | 1 EL Butter | 1 Ei
300 g Weizenmehl Type 1050
2 TL Backpulver | 1 Päckchen Trockenhefe
½ TL Salz | 1 TL Zucker
300 ml lauwarmes Wasser
50 g zimmerwarmes Schweineschmalz
100 g Sauerkraut | ca. 100 g Haselnüsse
Außerdem Butter für die Form

Für 1 quadratische Form (1¼ l Inhalt) | 10 Scheiben | 35 Min. Zubereitung | 30 Min. Backen
Pro Scheibe ca. 250 kcal, 6 g EW, 15 g F, 23 g KH

1 Die Backform einfetten und warm stellen. Pilze putzen und grob würfeln. In der heißen Butter kurz braten, bis die Flüssigkeit verdampft ist. Das Ei trennen, Eigelb mit einigen Tropfen Wasser verrühren, Eiweiß nicht ganz steif schlagen.

2 Mehl in einer Schüssel mit Backpulver und Trockenhefe mischen. Salz, Zucker, Wasser und Schmalz verrühren. Sauerkraut gut ausdrücken und klein schneiden, mit den Pilzen mischen. Flüssigkeit zum Mehl gießen, Teig kräftig schlagen. Die Sauerkrautmischung unterrühren, den Eischnee unterheben. Teig in die Form füllen, die Oberfläche mit Eigelb bestreichen und mit Haselnüssen belegen.

3 Die Form mit Frischhaltefolie und einem angewärmten Küchentuch zudecken. Den Teig auf der Heizung 15 Min. gehen lassen. Den Backofen auf 200° (Umluft 180°) vorheizen. Nüsse mit restlichem Eigelb bestreichen. Auf den Herdboden ein weites Gefäß mit kochendem Wasser stellen. Das Brot im Ofen (Mitte) ca. 30 Min. backen.

ein Farbklecks auf jedem Büfett

Currybrot mit Tomaten

1 Beutel flüssiger Sauerteig (75 g)
100 g getrocknete Tomaten (in Öl)
200 g Weizenmehl Type 550
100 g Roggenmehl Type 997
1 TL Backpulver
¼ TL Salz | 1 TL Zucker
1 EL Currypulver
350 ml lauwarmes Wasser
1 TL Trockensauerteig
100 g Kirschtomaten
Außerdem
Butter für die Form

Für 1 Kastenform (25 cm lang) | 14 Scheiben
35 Min. Zubereitung | 35 Min. Backen
Pro Scheibe ca. 110 kcal, 3 g EW, 3 g F, 17 g KH

1 Sauerteig anwärmen. Die Backform einfetten und warm stellen. Getrocknete Tomaten auf Küchenpapier entfetten und grob hacken. Beide Mehlsorten in einer Schüssel mit dem Backpulver mischen. Salz, Zucker und Currypulver mit dem Wasser verrühren, mit Sauerteig zum Mehl geben und kräftig schlagen. Gehackte Tomaten unterheben und das Ganze in die Form füllen.

2 Die Form mit Frischhaltefolie und einem angewärmten Tuch zudecken. Teig auf der Heizung 15 Min. gehen lassen. Ofen auf 200° (Umluft 180°) vorheizen. Kirschtomaten waschen und halbieren.

3 Tomaten mit der Schnittfläche nach oben in den Teig drücken. Auf den Herdboden ein weites Gefäß mit Wasser stellen. Das Brot im Ofen (2. Schiene von unten) ca. 35 Min. backen. Auskühlen lassen.

oben: Sauerkrautbrot mit Pilzen | unten: Currybrot mit Tomaten

pikant | das mögen Kinder

Weißbrot mit Birnen

100 g Bacon (Frühstücksspeck)
100 g getrocknete Birnen
etwas Birnen- oder Apfelsaft
300 g Weizenmehl Type 1050
2 TL Backpulver | 1 Päckchen Trockenhefe
½ TL Salz
1 Prise Zimtpulver
350 ml Apfelsaft
½ TL Kakaopulver zum Bestäuben (nach Belieben)

Außerdem
Butter für die Form

Für 1 Rehrückform (30 cm lang) | 18 Scheiben
40 Min. Zubereitung | 35 Min. Backen
Pro Scheibe ca. 120 kcal, 4 g EW, 4 g F, 17 g KH

1 Die Backform einfetten und warm stellen. Bacon in einer Pfanne knusprig braten und grob hacken. Die Birnen im Saft einweichen. Mehl in einer angewärmten Schüssel mit Backpulver und Trockenhefe mischen. Salz, Zimt und Apfelsaft verrühren.

2 Die Flüssigkeit zum Mehl gießen und den Teig ca. 3 Min. kräftig schlagen. Birnen abtropfen und grob würfeln. Birnen und Bacon unter den Teig mischen, Teig in die Form füllen und diese mit Frischhaltefolie und einem angewärmten Küchentuch zudecken. Teig auf der Heizung 15 Min. gehen lassen. Den Backofen auf 200° (Umluft 180°) vorheizen.

3 Auf den Herdboden ein weites Gefäß mit kochendem Wasser stellen. Das Brot im Ofen (2. Schiene von unten) ca. 35 Min. backen. Aus der Form lösen und auf einem Kuchengitter vollständig auskühlen lassen. Nach Belieben mit Kakaopulver bestäuben.

kernig | würzig

Kräuter-Dinkel-Brot

1 Päckchen gemischte TK-Kräuter
1 Zwiebel | 1 TL Butter
300 g Dinkelmehl Type 630
½ Päckchen Backpulver
1 Päckchen Trockenhefe
¼ TL Salz | 1 TL Rübensirup (oder Zucker)
350 ml lauwarmes dunkles Weizenbier
2 EL Öl

Außerdem
Butter für die Form

Für eine quadratische Form (1 ¼ l Inhalt)
10 Scheiben
35 Min. Zubereitung | 30 Min. Backen
Pro Scheibe ca. 150 kcal, 4 g EW, 4 g F, 22 g KH

1 Die Kräuter auftauen lassen. Zwiebel schälen, würfeln und in heißer Butter leicht bräunen. Die Backform einfetten und warm stellen. Das Mehl in einer angewärmten Schüssel mit Backpulver und Trockenhefe mischen.

2 Salz und Sirup mit Bier und Öl verrühren. Die Flüssigkeit zum Mehl gießen, den Teig ca. 3 Min. kräftig schlagen. Kräuter und Zwiebel unterheben. Den Teig in die Form füllen und die Teigoberfläche mehrmals ca. 1 cm tief einschneiden.

3 Die Form mit Frischhaltefolie und einem angewärmten Küchentuch zudecken. Teig auf der Heizung 15 Min. gehen lassen. Den Backofen auf 200° (Umluft 180°) vorheizen. Auf den Herdboden ein weites Gefäß mit kochendem Wasser stellen. Das Brot im Ofen (Mitte) ca. 30 Min. backen. Aus der Form lösen und auskühlen lassen.

oben: Weißbrot mit Birnen | unten: Kräuter-Dinkel-Brot

kernig | hält lange frisch

Saftiges Drei-Kerne-Brot

Gesunde Kerne sorgen für herrlichen Biss. Diese feine Mischung finden Sie im Supermarkt als »Salatveredler«. Ebli, gekochte Weizenkörner, halten das Brot lange saftig.

200 g Kernmischung (Sonnenblumenkerne, Kürbiskerne und Pinienkerne; Fertigprodukt)
Salz
50 g Ebli (Weichweizen)
250 g Weizenmehl Type 550
1 TL Brotgewürz (ganze Körner)
2 TL Backpulver | 1 Päckchen Trockenhefe
250 ml lauwarmes Wasser
2 EL Öl
1 EL Essig
1 TL Rübensirup (oder Honig)
Außerdem
Butter für die Form

Für 1 Brotbackform (2 l Inhalt) | 16 Scheiben
35 Min. Zubereitung | 50 Min. Backen
Pro Scheibe ca. 155 kcal, 5 g EW, 8 g F, 17 g KH

1 Die Form einfetten, den Boden mit 2 EL Kernmischung bestreuen und die Form warm stellen. 250 ml Wasser mit etwas Salz zum Kochen bringen. Ebli offen 10 Min. garen, abgießen und gut abtropfen lassen.

2 Das Mehl mit Brotgewürz, Backpulver und Trockenhefe in einer angewärmten Schüssel mischen. Das Wasser mit Öl, Essig, Sirup und ½ TL Salz verrühren. Die Flüssigkeit zum Mehl gießen. Den Teig ca. 3 Min. kräftig schlagen, damit viel Luft hineinkommt. Ebli und die Kernmischung unter den Teig mischen. Teig in die Form füllen und die Oberfläche glatt streichen.

3 Die Backform mit Frischhaltefolie und einem angewärmten Küchentuch zudecken. Den Teig mindestens 15 Min. auf der Heizung gehen lassen. In der Zwischenzeit den Backofen auf 200° (Umluft 180°) vorheizen.

4 Auf den Herdboden ein weites feuerfestes Gefäß mit kochendem Wasser stellen. Das Brot im Ofen (2. Schiene von unten) ca. 45 Min. backen.

5 Das Brot auf den Backofenrost stürzen und noch einmal 5 Min. im abgeschalteten Backofen nachbacken, damit die Kruste rundherum knusprig wird. Das Brot auf einem Kuchengitter vollständig auskühlen lassen.

TAUSCH-TIPP

Statt den vorgegarten Weizenkörnern (Ebli) können Sie auch rohe Weizenkörner verwenden. Sie müssen allerdings über Nacht in kaltem Wasser eingeweicht werden und anschließend mindestens 1 Std. in frischem Wasser gegart werden.

VARIANTE – »EIN-KERN-BROT«

Statt der Kernmischung können Sie auch 200 g Haselnüsse, Sonnenblumenkerne, Kürbiskerne oder Walnüsse verwenden. Oder Ihre ganz persönliche Lieblingsmischung.

TIPP FÜR EXTRASAFTIGES BROT

Dieses Brot wird besonders saftig, wenn Sie zusätzlich 100 g weiche getrocknete Feigen in Streifen schneiden und unter den Teig mischen.

knusperleicht | saftig

Kerniges Kürbisbrot

100 g geputzter Hokkaidokürbis (ungeschält)
300 g Weizenmehl Type 1050
1 TL Backpulver | 1 Päckchen Trockenhefe
½ TL Salz | ½ TL Zucker
½ TL abgeriebene Schale von 1 Bio-Zitrone
35 g flüssige Butter
250–300 ml lauwarmes klassisches Mineralwasser
100 g Kürbiskerne

Außerdem
Butter für die Form

Für 1 Kastenform (25 cm lang) | 14 Scheiben
35 Min. Zubereitung | 40 Min. Backen
Pro Scheibe ca. 140 kcal, 5 g EW, 6 g F, 16 g KH

1 Das Kürbisfleisch fein reiben. Backform einfetten und warm stellen. Das Mehl in einer angewärmten Schüssel mit Backpulver und Trockenhefe mischen.

2 Salz, Zucker, Zitronenschale und Butter mit dem Wasser verrühren. Die Mischung zum Mehl gießen und den Teig kräftig schlagen. Kürbisfleisch und Kürbiskerne bis auf 1 EL unterheben. Teig in die Form füllen, die Oberfläche 1 cm tief einschneiden. Mit den restlichen Kürbiskernen bestreuen.

3 Die Form mit Frischhaltefolie und einem angewärmten Küchentuch zudecken. Teig auf der Heizung 15 Min. gehen lassen. Den Backofen auf 200° (Umluft 180°) vorheizen. Auf den Herdboden ein weites Gefäß mit kochendem Wasser stellen. Brot im Ofen (2. Schiene von unten) ca. 35 Min. backen. Aus der Form lösen, auf den Backofenrost stürzen und im ausgeschalteten Ofen 5 Min. nachbacken. Das Brot vollständig auskühlen lassen.

farbenfroh | büfetttauglich

Rote-Bete-Brot

75 g gekochte Rote Bete
75 g Walnüsse
300 g Weizenvollkornmehl
2 TL Backpulver
1 Päckchen Trockenhefe
½ TL Salz | 1 TL Zucker
1 TL frisch geriebener Ingwer
350 ml lauwarmer Rote-Bete-Saft
4 EL Walnussöl (ersatzweise Pflanzenöl)
1 TL Fenchelsamen

Außerdem
Butter für die Form

Für 1 Kastenform (25 cm lang) | 14 Scheiben
35 Min. Zubereitung | 35 Min. Backen
Pro Scheibe ca. 140 kcal, 4 g EW, 6 g F, 17 g KH

1 Rote Bete klein würfeln. Walnüsse längs halbieren. Backform einfetten und warm stellen. Mehl mit Backpulver und Trockenhefe mischen. Salz, Zucker und Ingwer mit Rote-Bete-Saft und Öl zum Mehl geben und den Teig kräftig schlagen.

2 Rote Bete und Nüsse unterheben. Den Teig in die Form füllen. Die Oberfläche mit einem Messer ca. 1 cm tief einschneiden und mit Fenchelsamen bestreuen. Die Form mit Frischhaltefolie und einem angewärmten Küchentuch zudecken. Teig auf der Heizung 15 Min. gehen lassen. Backofen auf 200° (Umluft 180°) vorheizen.

3 Auf den Herdboden ein weites Gefäß mit kochendem Wasser stellen. Das Brot im Ofen (2. Schiene von unten) ca. 35 Min. backen und auf einem Kuchengitter vollständig auskühlen lassen.

oben: Kerniges Kürbisbrot | unten: Rote-Bete-Brot

fröhlich bunt | bleibt lange frisch

Maisbrot mit Paprika

½ rote Paprikaschote
½ grüne Paprikaschote
4 EL Öl
1 kleine Dose gekochte Maiskörner (150 g)
350 g Mehl Type 1050
2 TL Backpulver | 1 Päckchen Trockenhefe
½ TL Salz
1 TL getrockneter Oregano
350 ml lauwarmes klassisches Mineralwasser

Außerdem

Butter für die Form

Für 1 Brotbackform (2 l Inhalt) | 16 Scheiben
35 Min. Zubereitung | 45 Min. Backen
Pro Scheibe ca. 100 kcal, 3 g EW, 2 g F, 17 g KH

1 Die Paprika schälen, putzen und in schmale Streifen schneiden. In 1 EL Öl in einer Pfanne ca. 5 Min. andünsten. Mais abtropfen lassen und untermischen. Backform einfetten und warm stellen. Mehl in einer angewärmten Schüssel mit Backpulver und Trockenhefe mischen.

2 Restliches Öl, Salz und Oregano mit dem Wasser verrühren. Die Flüssigkeit zum Mehl gießen und den Teig ca. 3 Min. kräftig schlagen. Die Paprikamischung unterheben und den Teig in die Form füllen. Form mit Frischhaltefolie und einem angewärmten Küchentuch zudecken. Teig auf der Heizung 15 Min. gehen lassen. Den Backofen auf 200° (Umluft 180°) vorheizen. Auf den Herdboden ein weites Gefäß mit kochendem Wasser stellen. Das Brot im Ofen (2. Schiene von unte) ca. 45 Min. backen. Auf einem Kuchengitter auskühlen lassen.

saftig | mediterran

Tomatenbrot

100 g getrocknete Tomaten (in Öl)
50 g schwarze Oliven (ohne Stein)
300 g Weizenmehl Type 550
2 TL Backpulver | 1 Päckchen Trockenhefe
½ TL getrockneter Majoran
½ TL Salz | 1 TL Zucker
250 ml lauwarmer Tomatensaft
100 ml lauwarmes Wasser
5 EL Olivenöl
1 Rosmarinzweig

Außerdem

Butter für die Form

Für 1 Kastenform (25 cm lang) | 14 Scheiben
35 Min. Zubereitung | 35 Min. Backen
Pro Scheibe ca. 130 kcal, 3 g EW, 5 g F, 17 g KH

1 Die Backform einfetten und warm stellen. Getrocknete Tomaten auf Küchenpapier entfetten und klein würfeln. Oliven in Streifen schneiden. Das Mehl in einer Schüssel mit Backpulver und Trockenhefe mischen. Majoran, Salz und Zucker mit Tomatensaft, Wasser und Öl verrühren. Zum Mehl gießen und den Teig ca. 3 Min. kräftig schlagen.

2 Getrocknete Tomaten und Oliven unterheben. Teig in die Form füllen. Die Teigoberfläche längs 1 cm tief einschneiden. Rosmarin waschen, trocknen und in die Teigoberfläche drücken. Die Form mit Frischhaltefolie und einem angewärmten Küchentuch zudecken. Teig auf der Heizung 15 Min. gehen lassen. Den Backofen auf 200° (Umluft 180°) vorheizen. Auf den Herdboden ein weites Gefäß mit kochendem Wasser stellen. Das Brot (2. Schiene von unten) ca. 35 Min. backen. Auf einem Kuchengitter auskühlen lassen.

oben: Maisbrot mit Paprika | unten: Tomatenbrot

wunderbar würzig | schmeckt nach Italien

Gefülltes Fladenbrot

Ein knuspriges Fladenbrot mit einer raffinierten Füllung aus zartem Schinken, mildem Pesto, würzigen Oliven und Mozzarella – ein Highlight auf der nächsten Party.

Für den Teig
½ Würfel Hefe (20 g)
1 TL Zucker
200 ml lauwarmes Wasser
3 EL Olivenöl + Öl zum Bestreichen
½ TL Salz
300 g Weizenmehl Type 550 + Mehl zum Arbeiten
1 TL Backpulver
1 TL getrockneter Rosmarin

Für die Füllung
125 g Lachsschinken ohne Fettrand
150 g Mozzarella
50 g grüne oder schwarze Oliven (ohne Stein)
3 EL Pesto (aus dem Glas)
etwas grober Pfeffer

Außerdem
Butter für das Backblech
1 TL schwarze Sesamsamen zum Bestreuen

9 Stücke
35 Min. Zubereitung | 25 Min. Backen
Pro Stück ca. 240 kcal, 12 g EW, 10 g F, 26 g KH

1 Das Backblech einfetten und warm stellen. Die Hefe zerbröckeln, mit Zucker und 100 ml lauwarmem Wasser glatt rühren und zugedeckt warm stellen. Inzwischen das restliche lauwarme Wasser mit Öl und Salz verrühren. Das Mehl in einer angewärmten Schüssel mit Backpulver und Rosmarin mischen.

2 Die Flüssigkeit und das Hefewasser zum Mehl gießen. Alle Zutaten mischen und den Teig ca. 8 Min. mit bemehlten Händen kneten. Teig zu einer glatten Kugel formen und zurück in die Schüssel legen.

3 Die Schüssel mit Frischhaltefolie und einem angewärmten Küchentuch zudecken. Teig auf der Heizung 15 Min. gehen lassen. Den Backofen auf 220° (Umluft 200°) vorheizen.

4 Für die Füllung den Schinken in kleine Stücke schneiden. Mozzarella zwischen Küchenpapier leicht ausdrücken und klein schneiden. Oliven fein hacken. Schinken, Mozzarella, Oliven, Pesto und Pfeffer mischen.

5 Den Teig halbieren. Eine Hälfte auf einer bemehlten Arbeitsfläche dünn zu einem großen Oval ausrollen (Bild 1) und aufs Blech legen. Mit der Füllung bestreichen; dabei einen gut 1 cm breiten Rand frei lassen. Diesen Rand mit Wasser bestreichen. Restlichen Teig ausrollen und auf die untere Teigplatte drücken (Bild 2). Ränder dekorativ nach oben rollen.

6 Das Backblech mit einem warmen Tuch zudecken und den Teig 5 Min. gehen lassen. Den Fladen mit warmem Wasser bestreichen, mit einer Gabel mehrmals einstechen und mit Sesam bestreuen. Das Fladenbrot im Ofen (Mitte) ca. 25 Min. backen. Nach 15 Min. das Backblech auf die unterste Schiene schieben. Das Fladenbrot auf einem Kuchengitter vollständig auskühlen lassen.

1

2

Süße Brote

Süße Brote mit Honig und Früchten sind immer heiß begehrt, ob zum Frühstück oder zum Sonntagsbrunch. Der Duft des Dinkelzopfs, der dem Backofen entströmt, lockt alle Morgenmuffel aus den Betten. Steht neben dem Dinkelzopf ein Glas Nussnugatcreme und eine feine Frischkäsecreme, beginnt der Tag für alle gut.

Dinkelzopf mit Hagelzucker

½ Würfel Hefe (20 g)
2 EL Zucker | 200 ml lauwarme Milch
40 g flüssige Butter
1 Prise Salz
300 g Dinkelmehl Type 630 + reichlich Mehl zum Arbeiten
1 TL Backpulver
1 Eigelb | 2 EL Hagelzucker
Außerdem
Butter für die Form

Für 1 Kastenform (25 cm lang) | 14 Scheiben
30 Min. Zubereitung | 30 Min. Backen
Pro Scheibe ca. 130 kcal, 4 g EW, 5 g F, 17 g KH

1 Die Form einfetten und warm stellen. Die Hefe zerbröckeln, mit 1 TL Zucker und 100 ml Milch glatt rühren. Zugedeckt warm stellen. Restliche Milch mit Butter, restlichem Zucker und Salz verrühren. Mehl in einer angewärmten Schüssel mit Backpulver mischen. Flüssigkeit und Hefemilch zum Mehl gießen. Alle Zutaten mischen und den Teig ca. 8 Min. mit bemehlten Händen kneten. Teig in drei gleich große Stücke teilen und diese zu 25 cm langen Rollen formen. Rollen zu einem Zopf flechten und in die Form legen.

2 Eigelb mit ein paar Tropfen Wasser verrühren. Die Teigoberfläche mit der Hälfte davon bestreichen. Form mit Frischhaltefolie und einem Küchentuch zudecken. Teig auf der Heizung 15 Min. gehen lassen. Backofen auf 200° (Umluft 180°) vorheizen.

3 Auf den Herdboden ein Gefäß mit kochendem Wasser stellen. Brot (2. Schiene von unten) ca. 35 Min. backen. Nach 20 Min. mit dem restlichen Eigelb bestreichen und mit Hagelzucker bestreuen.

schmeckt nicht nur Kindern

Rosinenbrot mit Honig

100 g Rosinen
100 ml Trauben- oder Apfelsaft
1 Ei
300 g Weizenmehl Type 550
1 TL Backpulver | 1 Päckchen Trockenhefe
1 Prise Salz
350 ml lauwarme Milch
30 g flüssige Butter | 3 EL Honig
1 EL Mohnsamen

Außerdem
Butter für die Form

Für 1 Rehrückenform (30 cm lang) | 18 Scheiben
35 Min. Zubereitung | 35 Min. Backen
Pro Scheibe ca. 125 kcal, 3 g EW, 3 g F, 19 g KH

1 Die Form einfetten und warm stellen. Rosinen in dem Saft einweichen. Das Ei trennen. Das Eigelb mit ein paar Tropfen Wasser verrühren. Das Eiweiß nicht ganz steif schlagen. Das Mehl mit Backpulver und Trockenhefe in einer Schüssel mischen. Salz mit Milch, Butter und Honig verrühren.

2 Die Flüssigkeit zum Mehl gießen und den Teig kräftig schlagen. Rosinen abtropfen lassen, Eiweiß und Rosinen unter den Teig heben. Die Backform mit Mohn ausstreuen und den Teig einfüllen. Form mit Frischhaltefolie und einem angewärmten Küchentuch zudecken. Teig 15 Min. auf der Heizung gehen lassen.

3 Den Backofen auf 200° (Umluft 180°) vorheizen. Auf den Herdboden ein Gefäß mit Wasser stellen. Das Brot im Ofen (2. Schiene von unten) ca. 35 Min. backen. Auf einem Kuchengitter auskühlen lassen.

fruchtiges Brot mit Biss

Aprikosen-Mandel-Brot

½ Würfel Hefe (20 g) | 2 EL Zucker
200 ml lauwarmes Wasser
150 ml lauwarmer Orangensaft
1 Prise Salz
250 g Weizenmehl Type 550
50 g Weizenmehl Type 1050
1 TL Backpulver
100 g getrocknete Soft-Aprikosen
75 g gehackte Mandeln

Außerdem
Butter für die Form

Für 1 Gugelhupfform (1 l Inhalt) | 8 Stücke
35 Min. Zubereitung | 35 Min. Backen
Pro Stück ca. 285 kcal, 8 g EW, 7 g F, 47 g KH

1 Die Backform einfetten und warm stellen. Die Hefe zerbröckeln, mit 1 TL Zucker und 100 ml lauwarmem Wasser glatt rühren und zugedeckt warm stellen. Restliches Wasser mit Saft, restlichem Zucker und Salz verrühren. Beide Mehlsorten in einer Schüssel mit dem Backpulver mischen.

2 Flüssigkeit und Hefewasser zum Mehl gießen und den Teig kräftig schlagen. Aprikosen vierteln und mit den gehackten Mandeln (bis auf 1 EL) unter den Teig heben. Die Backform mit den restlichen Mandeln ausstreuen, Teig einfüllen und mit Frischhaltefolie und einem angewärmten Küchentuch zudecken. Teig 15 Min. auf der Heizung gehen lassen.

3 Den Backofen auf 200° (Umluft 180°) vorheizen. Auf den Herdboden ein Gefäß mit Wasser stellen. Das Brot im Ofen (2. Schiene von unten) ca. 35 Min. backen. Auf einem Kuchengitter auskühlen lassen.

oben: Rosinenbrot mit Honig | unten: Aprikosen-Mandel-Brot

das lieben Kinder ... und ihre Eltern!

Kandisbrot

1 Ei
½ Würfel Hefe (20 g)
1 TL Zucker
350 ml lauwarme Milch
300 g Weizenmehl Type 1050
1 TL Backpulver
1 Prise Salz
75 g braune Kandiskrümel
Außerdem
Butter für die Form

Für 1 Kastenform (25 cm lang) | 14 Scheiben
35 Min. Zubereitung | 35 Min. Backen
Pro Scheibe ca. 125 kcal, 4 g EW, 2 g F, 20 g KH

1 Die Form einfetten und warm stellen. Das Ei trennen. Das Eigelb mit ein paar Tropfen Wasser verrühren. Das Eiweiß nicht ganz steif schlagen. Die Hefe zerbröckeln, mit dem Zucker und 175 ml lauwarmer Milch glatt rühren und zugedeckt warm stellen.

2 Das Mehl in einer angewärmten Schüssel mit dem Backpulver mischen. Salz, restliche Milch und Hefemilch zum Mehl gießen und den Teig kräftig schlagen. Eiweiß und Kandiskrümel unterheben. Den Teig in die Form füllen, die Oberfläche längs ca. 1 cm tief einschneiden und mit dem Eigelb bestreichen. Die Form mit Frischhaltefolie und einem angewärmten Küchentuch zudecken. Teig mindestens 15 Min. auf der Heizung gehen lassen. Inzwischen den Backofen auf 200° (Umluft 180°) vorheizen.

3 Auf den Herdboden ein Gefäß mit Wasser stellen. Brot im Ofen (2. Schiene von unten) ca. 35 Min. backen. Auf einem Kuchengitter auskühlen lassen.

mild | für Marzipanfans

Dinkelbrot mit Marzipan

1 Ei
½ Würfel Hefe (20 g)
2 EL Zucker
350 ml lauwarme Milch
300 g Dinkelmehl Type 630
1 TL Backpulver | 1 Prise Salz
100 g Marzipanrohmasse
1–2 EL Mandelblättchen
Außerdem
Butter für die Form

Für 1 Kastenform (25 cm lang) | 14 Scheiben
35 Min. Zubereitung | 35 Min. Backen
Pro Scheibe ca. 140 kcal, 5 g EW, 4 g F, 21 g KH

1 Die Form einfetten und warm stellen. Das Ei trennen. Eigelb mit ein paar Tropfen Wasser verrühren, Eiweiß nicht ganz steif schlagen. Die Hefe zerbröckeln, mit 1 TL Zucker und 175 ml lauwarmer Milch glatt rühren und zugedeckt warm stellen.

2 Mehl in einer angewärmten Schüssel mit Backpulver mischen. Salz, restlichen Zucker, restliche Milch und Hefemilch zum Mehl gießen. Den Teig kräftig schlagen. Marzipan klein würfeln und untermischen, das Eiweiß unterheben. Teig in die Form füllen. Die Oberfläche längs mit einem Messer ca. 1 cm tief einschneiden. Mit Eigelb bestreichen und mit Mandelblättchen bestreuen. Die Form mit Frischhaltefolie und einem angewärmten Küchentuch zudecken. Teig 15 Min. auf der Heizung gehen lassen. Den Backofen auf 200° (Umluft 180°) vorheizen.

3 Auf den Herdboden ein Gefäß mit Wasser stellen. Brot im Ofen (2. Schiene von unten) ca. 35 Min. backen. Auf einem Kuchengitter auskühlen lassen.

oben: Kandisbrot | unten: Dinkelbrot mit Marzipan

für Feinschmecker

Weißbrot mit kandierten Walnüssen

Ein Brot mit Walnüssen gilt unter Kennern als besondere Delikatesse. Für unser süßes Brot haben wir die Walnüsse kandiert und mit Honig, Butter und einer Spur Salz verfeinert. Das Ergebnis: ein knusperfeines Sonntagsbrot.

150 g Walnüsse
75 g Puderzucker
30 g Butter
1 großer EL Honig
Salz
350 g Weizenmehl Type 1050
2 TL Backpulver
1 Päckchen Trockenhefe
1 EL Zucker
250 ml lauwarme Milch
50 g flüssige Butter
2 Eier

Außerdem
Butter für die Form und den Teller

Für 1 Brotbackform (2 l Inhalt) | 16 Scheiben
35 Min. Zubereitung | 50 Min. Backen
Pro Scheibe ca. 225 kcal, 6 g EW, 12 g F, 23 g KH

1 Die Form einfetten. Die Walnüsse grob hacken und ca. 2 EL auf den Boden der Backform streuen. Die Form warm stellen. Einen flachen Teller mit Alufolie überziehen und leicht einfetten, beiseitestellen. Den Puderzucker in einer Pfanne zu einem hellen Karamell schmelzen.

2 Die gehackten Nüsse, Butter und Honig einrühren. So lange rühren, bis alle Nüsse vom Karamell überzogen sind. Die Nüsse mit 1 Prise Salz bestreuen, auf dem Teller ausbreiten und abkühlen lassen.

3 Das Mehl in einer angewärmten Schüssel mit Backpulver und Trockenhefe mischen. 1 Prise Salz und den Zucker mit lauwarmer Milch, flüssiger Butter und den Eiern verrühren. Die Flüssigkeit zum Mehl gießen und den Teig ca. 3 Min. kräftig schlagen.

4 Die kandierten Walnüsse auf einem Holzbrett klein hacken und unter den Teig heben. Den Teig in die Form füllen und mit Frischhaltefolie und einem angewärmten Küchentuch zudecken. Teig mindestens 15 Min. auf der Heizung gehen lassen. Inzwischen den Backofen auf 200° (Umluft 180°) vorheizen.

5 Auf den Herdboden ein weites Gefäß mit kochendem Wasser stellen. Das Brot im Ofen (2. Schiene von unten) ca. 45 Min. backen. Aus der Form lösen, auf den Backofenrost stürzen und im ausgeschalteten Ofen 5 Min. nachbacken. Das Brot auf einem Kuchengitter vollständig auskühlen lassen.

TIPP – FÜR EINE FEINERE STRUKTUR

Wenn Sie eine feinere Struktur des Brotes möchten, können Sie die kandierten Walnüsse auch im Blitzhacker ganz fein zerkleinern.

TAUSCH-TIPPS

Statt der Walnüsse können Sie auch Sonnenblumenkerne, Pistazien, Pecannüsse, ungesalzene Erdnüsse oder gehackte Mandeln mit dem heißen Karamell mischen und fest werden lassen.

frisch aus dem Ofen am besten | superschnell

Safranbrot mit Vanille

300 g Weizenmehl Type 505
1 Päckchen Backpulver
1 Prise Salz
50 g Zucker
1 Päckchen Vanillezucker
250 g Sahne
1 Döschen Safran (0,1 g)
2 Eier
Außerdem
Butter für die Form

Für 1 quadratische Form (1 1/4 l Inhalt)
10 Scheiben
15 Min. Zubereitung | 30 Min. Backen
Pro Scheibe ca. 230 kcal, 5 g EW, 10 g F, 29 g KH

1 Die Form einfetten. Das Mehl in eine Schüssel geben und mit Backpulver, Salz, Zucker und Vanillezucker mischen. Etwa 2 EL Sahne leicht erwärmen und den Safran darin auflösen. Diese Mischung unter die restliche Sahne rühren.

2 Die Eier trennen. Die Eigelbe mit der Safransahne verrühren. Die Eiweiße nicht ganz steif schlagen. Den Backofen auf 200° (Umluft 180°) vorheizen. Die Sahnemischung zum Mehl gießen und alles zu einem glatten Teig verarbeiten. Den Eischnee unter den Teig heben, Teig in die Form füllen.

3 Die Teigoberfläche glatt streichen und mit einer Gabel auf der gesamten Oberfläche wellenförmige Linien ziehen. Das Brot im Ofen (Mitte) ca. 30 Min. backen. Brot kurz ruhen lassen, aus der Form lösen und auf einem Kuchengitter auskühlen lassen.

saftig | superschnell

Pistazienbrot mit Rosinen

Je 50 g Rosinen und Korinthen
250 ml Trauben- oder Apfelsaft
100 g ungesalzene Pistazien
250 g Weizenmehl Type 505
1 Päckchen Backpulver
1 Prise Salz | 50 g Zucker
250 ml Milch
30 g flüssige Butter
2 Eier
Außerdem
Butter für die Form

Für 1 quadratische Form (1 1/4 l Inhalt)
10 Scheiben
15 Min. Zubereitung | 30 Min. Backen
Pro Scheibe ca. 275 kcal, 7 g EW, 11 g F, 34 g KH

1 Die Form einfetten. Rosinen und Korinthen im Saft einweichen. 50 g Pistazien im Blitzhacker fein mahlen. Das Mehl in einer Schüssel mit Pistazienmehl, Backpulver, Salz und Zucker mischen.

2 Milch, Butter und Eier verrühren. Die Flüssigkeit zur Mehlmischung gießen und alles gut vermengen. Den Backofen auf 200° (Umluft 180°) vorheizen. Rosinen und Korinthen sehr gut abtropfen lassen und mit den restlichen ganzen Pistazien unter den Teig heben.

3 Den Teig in die Form füllen und die Teigoberfläche mit einem Messer kreuzweise ca. 1 cm tief einschneiden. Das Brot im Ofen (Mitte) ca. 30 Min. backen. Auf einem Kuchengitter vollständig auskühlen lassen.

oben: Safranbrot mit Vanille | unten: Pistazienbrot mit Rosinen

exotisch | gehaltvoll

Kefirbrot mit Datteln

Ein feinwürziges, orientalisch duftendes Brot für alle, die die Kombination von herber Fruchtsüße aus Datteln mit aromatischen Walnüssen und einem frischen Teig lieben.

100 g weiche getrocknete Datteln | 40 g Walnüsse oder Pecannüsse | 300 g Weizenmehl Type 550 | 2 TL Backpulver | 1 Päckchen Trockenhefe | 1 Prise Salz | ½ TL Zimtpulver | 1 Prise gemahlener Kardamom | 250 g lauwarmer Kefir | 50 g Rübensirup (oder Honig) | 100 g flüssige Butter | 1 Eigelb | 1 TL Koriandersamen |
Außerdem Butter für die Form

Für 1 Kastenform (25 cm lang) | 14 Scheiben
35 Min. Zubereitung | 35 Min. Backen
Pro Scheibe ca. 200 kcal, 4 g EW, 10 g F, 24 g KH

1 Die Form einfetten und warm stellen. Die Datteln entkernen und längs in schmale Streifen schneiden. Die Walnüsse mittelfein hacken. Das Mehl mit Backpulver und Trockenhefe in einer angewärmten Schüssel mischen. Salz, Zimt und Kardamom mit Kefir, Rübensirup und Butter verrühren.

2 Die Flüssigkeit zum Mehl gießen und den Teig ca. 3 Min. kräftig schlagen. Das Eigelb mit ein paar Tropfen Wasser mischen. Datteln und Walnüsse mit dem Teig vermengen. Den Teig in die Form füllen und die Oberfläche mit einem Messer längs ca. 1 cm tief einschneiden. Mit Eigelb bestreichen und mit Koriandersamen bestreuen. Die Form mit Frischhaltefolie und einem angewärmten Küchentuch zudecken. Den Teig mindestens 15 Min. auf der Heizung gehen lassen.

3 Inzwischen den Backofen auf 220° (Umluft 200°) vorheizen. Auf den Herdboden ein Gefäß mit kochendem Wasser stellen. Das Brot im Ofen (2. Schiene von unten) ca. 35 Min. backen. Das fertige Brot einige Minuten in der Backform ruhen lassen, dann aus der Form lösen und auf einem Kuchengitter vollständig auskühlen lassen.

vollwertig | saftig

Dinkelbrot mit Backpflaumen

100 g Backpflaumen ohne Kern | 300 g Dinkelmehl Type 1050 | 2 TL Backpulver | 1 Päckchen Trockenhefe | 1 Prise Salz | 50 g Zucker | ½ TL Lebkuchengewürz | 350 g Buttermilch | 75 g flüssige Butter | **Außerdem** Butter für die Form

Für 1 Gugelhupfform (1 l Inhalt) | 8 Stücke
35 Min. Zubereitung | 35 Min. Backen
Pro Stück ca. 280 kcal, 7 g EW, 10 g F, 39 g KH

1 Form einfetten und warm stellen. Pflaumen würfeln. Mehl mit Backpulver und Trockenhefe mischen. Salz, Zucker und Lebkuchengewürz mit Buttermilch und Butter verrühren. Flüssigkeit und Mehl ca. 3 Min. kräftig schlagen.

2 Pflaumen unterheben, alles in die Form füllen. Teig mindestens 15 Min. auf der Heizung gehen lassen. Backofen auf 200° (Umluft 180°) vorheizen. Brot (2. Schiene von unten) ca. 35 Min. backen.

zum Nachmittagstee

Haferbrot mit kandierten Früchten

125 g gemischte kandierte Früchte | 250 g Weizenmehl Type 550 | 50 g Haferflocken | 2 TL Backpulver | 1 Päckchen Trockenhefe | 1 Prise Salz | 50 g Zucker | 350 ml lauwarme Milch | 30 g flüssige Butter | **Außerdem** Butter für die Form

Für 1 Gugelhupfform (1 l Inhalt) | 8 Stücke
35 Min. Zubereitung | 35 Min. Backen
Pro Stück ca. 265 kcal, 6 g EW, 6 g F, 43 g KH

1 Form einfetten und warm stellen. Früchte klein würfeln. Mehl, Haferflocken, Backpulver und Trockenhefe in einer Schüssel mischen. Salz und Zucker mit Milch und Butter verrühren. Flüssigkeit und Mehl ca. 3 Min. kräftig schlagen. Früchte unterheben, alles in die Form füllen.

2 Teig 15 Min. auf der Heizung gehen lassen. Backofen auf 200° (Umluft 180°) vorheizen. Brot im Ofen (2. Schiene von unten) ca. 35 Min. backen.

exotisch | frisch

Ananasbrot mit Ingwer

1 Babyananas
75 g Ingwer in Sirup (ersatzweise Ingwerkonfitüre)
1 Ei
300 g Weizenmehl Type 550
1 TL Backpulver | 1 Päckchen Trockenhefe
1 Prise Salz | 50 g Zucker
170–200 ml lauwarmer Ananassaft
30 g flüssige Butter
2 EL Ingwersirup

Außerdem
Butter für die Form

Für 1 Kastenform (25 cm lang) | 14 Scheiben
35 Min. Zubereitung | 35 Min. Backen
Pro Scheibe ca. 140 kcal, 3 g EW, 3 g F, 24 g KH

1 Form einfetten und warm stellen. Ananas putzen, schälen, Strunk entfernen und Fruchtfleisch in 1 cm große Würfel schneiden. Ingwer klein würfeln. Das Ei trennen. Eigelb mit ein paar Tropfen Wasser verrühren. Eiweiß nicht ganz steif schlagen.

2 Mehl in einer Schüssel mit Backpulver und Trockenhefe mischen. Salz und Zucker mit Ananassaft, Butter und Ingwersirup verrühren. Flüssigkeit zum Mehl gießen und den Teig kräftig schlagen. Ananas und Ingwer untermischen. Eiweiß unterheben. Teig in die Form füllen, die Oberfläche längs ca. 1 cm tief einschneiden und mit Eigelb bestreichen.

3 Die Form mit Frischhaltefolie und einem angewärmten Küchentuch zudecken. Teig 15 Min. auf der Heizung gehen lassen. Backofen auf 200° (Umluft 180°) vorheizen. Auf den Herdboden ein Gefäß mit Wasser stellen. Brot im Ofen (2. Schiene von unten) ca. 35 Min. backen.

das mögen Kinder | exotisch

Kokosbrot mit Banane

250 g Weizenmehl Type 550
50 g Dinkelvollkornmehl
30 g Kokosflocken
2 TL Backpulver | 1 Päckchen Trockenhefe
1 Prise Salz | 50 g brauner Zucker
1 kleine Dose Kokosmilch (160 g)
ca. 200 ml lauwarmes klassisches Mineralwasser
30 g flüssige Butter | 1 feste Banane

Außerdem
Butter und 10 g Kokosflocken (nach Belieben) für die Form

Für 1 Rehrückenform (30 cm lang) | 18 Scheiben
35 Min. Zubereitung | 35 Min. Backen
Pro Scheibe ca. 110 kcal, 2 g EW, 4 g F, 17 g KH

1 Die Form einfetten und warm stellen. Mehl und Vollkornmehl mit Kokosflocken, Backpulver, Trockenhefe, Salz und Zucker in einer angewärmten Schüssel mischen. Kokosmilch anwärmen und mit lauwarmem Mineralwasser auf 350 ml auffüllen. Mit der Butter verrühren. Die Flüssigkeit zum Mehl gießen und den Teig kräftig schlagen.

2 Backform nach Belieben mit 10 g Kokosflocken ausstreuen. Banane längs halbieren. Die Hälfte des Teigs einfüllen, die Bananenhälften längs in den Teig drücken und mit dem restlichen Teig zudecken. Die Form mit Frischhaltefolie und einem angewärmten Küchentuch zudecken. Teig 15 Min. auf der Heizung gehen lassen. Den Backofen auf 200° (Umluft 180°) vorheizen.

3 Auf den Herdboden ein Gefäß mit kochendem Wasser stellen. Das Brot im Ofen (2. Schiene von unten) ca. 35 Min. backen.

oben: Ananasbrot mit Ingwer | unten: Kokosbrot mit Banane

raffiniert | für Gäste

Feines Zimt-Apfel-Brot

Am Ende des Buches ein zuckersüßer Leckerbissen: ein saftiges und zugleich würziges Brot, das genauso gut zum Frühstück mit frischer Butter und Honig schmeckt wie zum Tee oder Punsch am Nachmittag.

100 g weiche Butter
100 g brauner Zucker
3 Eier
1 Prise Salz
200 g zimmerwarme saure Sahne
250 g Weizenmehl Type 550
1 Päckchen Backpulver
1 TL Trockenhefe
1 Apfel
etwas Zimtpulver
12 geschälte Mandelhälften

Außerdem
Butter für die Form

Für 1 Kastenform (25 cm lang) | 14 Scheiben
35 Min. Zubereitung | 35 Min. Backen
Pro Scheibe ca. 200 kcal, 4 g EW, 10 g F, 23 g KH

1 Die Form einfetten und warm stellen. Die weiche Butter mit dem Zucker schaumig rühren. Die Eier aufschlagen. Eier, 1 Prise Salz und die saure Sahne zur Butter-Zucker-Mischung geben und alles gut vermischen.

2 Mehl, Backpulver und Trockenhefe mit der Buttermischung vermengen. Den Apfel waschen, schälen, vom Kerngehäuse befreien und grob zum Teig raspeln. Etwas Zimt darüberstreuen und unterrühren.

3 Den Teig in die vorbereitete Form füllen. Die Form mit Frischhaltefolie und einem angewärmten Küchentuch zudecken. Den Teig 15 Min. auf der Heizung gehen lassen.

4 Inzwischen den Backofen auf 200° (Umluft 180°) vorheizen. Auf der Teigoberfläche aus jeweils vier Mandelhälften eine Blüte formen und leicht in die Teigoberfläche drücken. Auf den Herdboden ein weites Gefäß mit kochendem Wasser stellen.

5 Das Brot im Ofen (2. Schiene von unten) ca. 35 Min. backen. Falls die Oberfläche zu dunkel wird, mit einem Stück Alufolie zudecken. Das fertig gebackene Brot kurz in der Form ruhen lassen, stürzen und auf einem Kuchengitter vollständig auskühlen lassen.

TAUSCH-TIPP

Wenn Sie ein gehaltvolleres Brot backen möchten, verwenden Sie für dieses Brot das dunklere Weizenmehl Type 1050 oder ersetzen 50 g Weizenmehl Type 550 durch Weizenvollkornschrot. In beiden Fällen rühren Sie noch einen Schuss lauwarmes Wasser oder lauwarme Milch unter den Teig.

VARIANTE – MIT GETROCKNETEM APFEL

Statt des frischen Apfels können Sie auch 100 g getrocknete Apfelringe in kleine Stücke schneiden und etwa 15 Min. in wenig Apfelsaft einweichen. Die Apfelstücke gut abtropfen lassen und zum Schluss unter den Teig mischen. Der Zimt kann durch etwas Lebkuchengewürz ersetzt werden.

Zum Gebrauch
Damit Sie Rezepte mit bestimmten Zutaten noch schneller finden können, stehen in diesem Register zusätzlich auch beliebte Zutaten wie **Mandeln** und **Rosinen** – ebenfalls alphabetisch geordnet und hervorgehoben – über den entsprechenden Rezepten.

A

B

C

D

E

F

G

H

I/J

K

L

Unsere Garantie

Alle Informationen in diesem Ratgeber sind sorgfältig und gewissenhaft geprüft. Sollte dennoch einmal ein Fehler enthalten sein, schicken Sie uns das Buch mit dem entsprechenden Hinweis an unseren Leserservice zurück. Wir tauschen Ihnen den GU-Ratgeber gegen einen anderen zum gleichen oder ähnlichen Thema um.

Liebe Leserin und lieber Leser,

wir freuen uns, dass Sie sich für ein GU-Buch entschieden haben. Mit Ihrem Kauf setzen Sie auf die Qualität, Kompetenz und Aktualität unserer Ratgeber. Dafür sagen wir Danke! Wir wollen als führender Ratgeberverlag noch besser werden. Daher ist uns Ihre Meinung wichtig. Bitte senden Sie uns Ihre Anregungen, Ihre Kritik oder Ihr Lob zu unseren Büchern. Haben Sie Fragen oder benötigen Sie weiteren Rat zum Thema? Wir freuen uns auf Ihre Nachricht!

Wir sind für Sie da!
Montag – Donnerstag: 8.00 – 18.00 Uhr;
Freitag: 8.00 – 16.00 Uhr
Tel.: 0180 - 5 00 50 54*
Fax: 0180 - 5 01 20 54*
*(0,14 €/Min. aus dem dt. Festnetz/Mobilfunkpreise können abweichen.)
E-Mail:
leserservice@graefe-und-unzer.de

P.S.: Wollen Sie noch mehr Aktuelles von GU wissen, dann abonnieren Sie doch unseren kostenlosen GU-Online-Newsletter und/oder unsere kostenlosen Kundenmagazine.

GRÄFE UND UNZER VERLAG
Leserservice
Postfach 86 03 13
81630 München

Redaktion: Sigrid Burghard
Lektorat: Katharina Lisson
Korrektorat: Mischa Gallé
Layout, Typografie und Umschlaggestaltung: independent Medien-Design, München
Satz: Liebl Satz+Grafik, Emmering
Herstellung: Petra Roth
Reproduktion: Repro Ludwig, Zell am See
Druck: Firmengruppe APPL, aprinta druck, Wemding
Bindung: Firmengruppe APPL, sellier druck, Freising

ISBN 978-3-8338-1759-5

1. Auflage 2009

Die Autorin

Kristiane Müller-Urban wurde als Kochbuchautorin und Reiseschriftstellerin bereits mehrfach ausgezeichnet. Ihr umfangreiches Know-how gibt sie nicht nur in ihren über 100 Kochbüchern, sondern auch in Kochkursen weiter. Über dieses Buch freute sich besonders ihre Familie, die täglich mit frisch duftendem Brot verwöhnt wurde.

Der Fotograf

Jörn Rynio zählt zu seinen Auftraggebern internationale Zeitschriften, namhafte Buchverlage und Werbeagenturen. Mit einer großen Portion Kreativität und appetitanregendem Styling setzt der Hamburger Fotograf Food-Spezialitäten aus aller Welt stimmungsvoll in Szene. Tatkräftig unterstützt wird er dabei von seinen Stylistinnen Petra Speckmann (Food) und Michaela Suchy (Requisite).

Bildnachweis

Titelfoto und alle anderen: Jörn Rynio, Hamburg

Titelbildrezept

Saftiges Drei-Kerne-Brot, Seite 36

GRÄFE UND UNZER
Ein Unternehmen der
GANSKE VERLAGSGRUPPE

Die Temperaturangaben bei Gasherden variieren von Hersteller zu Hersteller. Welche Stufe Ihres Herdes der jeweils angegebenen Temperatur entspricht, entnehmen Sie bitte der Gebrauchsanweisung. Bei Elektroherden können die Backzeiten je nach Herd variieren.

Kochlust pur

Die neuen KüchenRatgeber – da steckt mehr drin

ISBN 978-3-8338-0309-3
64 Seiten

ISBN 978-3-8338-0864-7
64 Seiten

ISBN 978-3-8338-1434-1
64 Seiten

ISBN 978-3-8338-1431-0
64 Seiten

ISBN 978-3-8338-1430-3
64 Seiten

ISBN 978-3-8338-0329-1
64 Seiten

Änderungen und Irrtum vorbehalten

Das macht sie so besonders:

- Neue mmmh-Rezepte – unsere beste Auswahl für Sie
- Praktische Klappen – alle Infos auf einen Blick
- Die 10 GU-Erfolgstipps – so gelingt es garantiert

Willkommen im Leben.

küchengötter.de powered by GU

Einfach göttlich kochen und himmlisch speisen? Die passenden Rezepte, Küchentipps und -tricks in Wort und Film finden Sie ganz einfach unter:

www.küchengötter.de

Süße Brotaufstriche

Süßes am Morgen vertreibt Kummer und Sorgen – und lässt das Herz eines jeden Süßschnabels höher schlagen. Diese Leckereien halten sich in einem geschlossenen Gefäß im Kühlschrank ein paar Tage.

Haselnussbutter mit Möhren

75 g Haselnüsse in einer Pfanne ohne Fett rösten und fein reiben. 125 g weiche Butter schaumig rühren. Haselnüsse und etwas abgeriebene Zitronenschale untermischen. 1 Möhre putzen, schälen und fein zur Buttermischung reiben. Mit 2 EL Honig gut vermengen und in eine Schale füllen. Bis zum Servieren kühl stellen (4 Portionen).

Aprikosencreme

Von 200 g Soft-Aprikosen 3 Stück grob würfeln und für die Garnierung beiseitelegen. Restliche Früchte fein würfeln und mit 6 EL Aprikosennektar begießen. 30 Min. ziehen lassen, anschließend mit dem Pürierstab oder im Mixer pürieren. Bei Bedarf Nektar oder Wasser hinzufügen. Die Creme mit 1 EL Zitronensaft und 1 EL Honig abschmecken. Vor dem Servieren mit den Aprikosenwürfeln und 1 EL Hagelzucker bestreuen (4 Portionen).

Bananen-Schoko-Quark

40 g weiche Butter schaumig rühren. 250 g zimmerwarmen Quark (20 % Fett) esslöffelweise unter die Butter mischen. (Beide müssen die gleiche Temperatur haben.) 1 Banane schälen und mit einer Gabel auf einem Teller sorgfältig zerdrücken. 30 g gut gekühlte Zartbitterschokolade grob raspeln. Ein paar Raspel für die Garnierung beiseitelegen. Restliche Schokoraspel, Banane und 2 EL Honig mit dem Quark vermengen. Das Ganze mit Schokoraspel bestreuen. Bis zum Servieren kühl stellen (4 Portionen).

Zitruscreme

1 Bio-Limette und 1 Bio-Zitrone heiß waschen und trocken reiben. Von beiden Früchten mit einem Zestenreißer Schalenstreifen abziehen. Saft auspressen. Einen Topf mit Wasser zum Kochen bringen. Zitrusschalen, Saft und 200 g Zucker in eine hitzefeste Rührschüssel geben. 150 g Butter würfeln, 3 Eier verrühren, beides hinzufügen und über dem heißen Wasserbad so lange schlagen, bis die Creme dicklich ist. In Gläser füllen und kühl stellen (8 Portionen). Zum Servieren mit Zitrusschale bestreuen.